AF360117

L'ENTRÉE DV ROY

ET DE LA REYNE

EN LEVR VILLE DE PARIS,

FAITE EN VERS HEROÏQVES

Par le Sieur MAGNON.

Dediée au Roy.

A PARIS,

Chez

SEBASTIEN MARTIN, Imprimeur-Libraire Iuré, ruë d'Ecoſſe, à l'Enſeigne S. Iean l'Euangeliſte.

ET

IACQVES ROGER, Imprimeur-Libraire, proche ſainct Eſtienne du Mont.

M. DC. LX.

Auec Priuilege du Roy.

AV ROY.

On Roy, le plus grand Roy que le Soleil esclaire,
Ie ne viens point t'offrir vn Genie ordinaire,
Ni pour eterniser ta suprême grandeur
Consacrer à ta gloire vne commune ardeur :
Ie viens épris d'vn feu qui luit, échauffe, & brule,
Et qui porte la foy chez le plus incredule :
Oüy, le siecle aduenir par moy seul connaincu
Croira que ton courage a pleinemeut vaincu :
Il en voudra garder l'étonnante memoire,
Comme il sçaura ta peine, il apprendra ta gloire ;
Et voyant ton triomphe égal à tes trauaux
Ne te comparera que d'indignes Riuaux :
Mais pour te bien vanter anime moy de grace,
Tout hardy que ie suis, redouble mon audace,
Et lance à mes esprits vn de ces vifs regards
Dont tu sembles ternir la gloire des Cesars.

A ij

Non, ie n'appelle icy que ta veuë à mon aide,
LOVIS est l'Appollon dont l'ardeur me possede ;
Il n'aura qu'à souffrir que ie m'adresse à luy
Pour ne iamais chercher l'assistance d'autruy :
Ie sens que tu le veux, ma liberté te touche,
Ie t'offre donc mon cœur, & ma main, & ma bouche,
Et suis prest par amour de faire icy pour Toy
Tout ce que par deuoir ie ferois pour mon Roy.
Appren donc, aduenir, que ie sers vn tel Maistre,
Que s'il n'est Empereur il est digne de l'estre ;
Ou qu'estant au dessus des Empereurs Romains,
Il a droit d'acquerir tous les cœurs des humains :
C'est vn Tite où la grace eminemment abonde,
C'est luy qu'on doit nommer les delices du monde ;
Ou bien par preference à tous autres vainqueurs
Le plaisir de nos yeux & l'amour de nos cœurs :
Non, la haute nature éprise & possedée
N'auoit iamais agy sur vne telle idée :
Aussi Dieu projettant d'en surprendre nos yeux,
La terre le receut comme vn present des Cieux :
Sa Mere, à mieux parler, l'achetant par ses larmes
Leur paya par ses pleurs vne source de charmes ;
Si bien qu'vn tel Monarque estant fait & parfait
Fust moins des Cieux que d'Elle vn merueilleux bien-fait ;
Que ce soit l'vn ou l'autre, ou tous les deux ensemble
Les trois Graces n'ont rien qu'en soy mon Roy n'assemble :

Et

Et que pour enrichir & son ame & son corps
Il n'en ait toûjours fait ses naturels tresors.
L'art ne l'embellit point, i'adjouste qu'à sa grace
Le Ciel voulut vnir vne diuine audace,
Et que ce demy-Dieu, ce second Roy des Rois
Ne vit iamais le iour que pour donner des Loix,
I'entends à tout le monde, il en est né le Maistre,
Du moins s'il ne l'est pas, il semble le parestre;
Enfin s'il eust paru parmy les vieux Mortels
On eut joint à son trône & mille & mille Autels.
C'est icy qu'enflamé d'vne ardeur sans seconde
I'expose son triomphe aux yeux de tout vn monde,
Ou que ie veux de l'air qu'il se va signaler,
Que qui ne l'a pû voir en entende parler:
Ie veux donc que ma voix par mon Prince animée
L'emporte sur le bruit que fait la Renommée,
Et que tout l'Vniuers soustienne qu'en cela
Ma bouche est preferable aux cent bouches qu'elle a.
　　Ie commence, & ie dis, que mon Roy par la guerre,
S'il eust esté plus libre auroit conquis la terre,
Et que si son amour n'eust soûmis sa valeur
Mars en eut souspiré de honte & de douleur:
On auroit veu mon Roy sur vn char de victoire
Estre en Cesar conduit au Temple de la Gloire,
Ou s'il eust esté tel qu'vn rauisseur d'Estats
Il eust esté tiré par douze Potentats;

B

Vingt autres Rois liez au Char d'vn tel Monarque
Auroient à leur secours appellé Ciel & Parque,
Et n'auroient contemplé ce terrible Vainqueur,
Que les larmes aux yeux, & les sanglots au cœur:
Mais mon Roy detestant cét indigne attelage,
N'a par aucun orgueil diffamé son courage,
Ni n'a pas cru deuoir par d'horribles bien-faits
Comme vn heureux coupable estaler des forfaits.
Vous, Cesars, les tyrans de la terre & de l'onde,
Estoit-ce vne vertu de déchirer le monde?
Et par des passetemps aussi longs que nouueaux
D'vn monde déchiré faire voir les lambeaux.
Quel rapport de vos temps à ce siecle où nous sommes,
Vostre pompe effrayoit les bestes & les hommes,
Et tous ceux qu'affligeoit vostre vaine rigueur
N'applaudissoient des mains qu'en se battant le cœur;
Mais mon Roy reuenant d'vne double conqueste,
A l'Oliue à la main, le Laurier à la teste,
Et n'estalant par tout que d'innocens appas,
Voit qu'vn amour content precede & suit ses pas:
Qui sur vn tel objet, & le plus beau qu'on voye
Ne s'épanche en regards, n'éclate en cris de ioye,
Et comme vn prompt echo ne redit apres moy
Viue, viue à iamais, & ma Reyne, & mon Roy:
Cependant suspendons cette charmante veuë
Pour en parler mon ame est vn peu trop émeuë,

Et le trouble où ie suis m'interdit à la fois
L'vsage de la veuë, & celuy de la voix:
Non, ie reprens courage, & suis prest à descrire
De quel air mon Monarque a proüué son Empire,
Et comme possedé par vne double ardeur
Il a fait triompher l'Amour & la Grandeur:
Il l'a fait d'autant plus qu'il en dónne des marques
En offrant l'vn & l'autre au seul Dieu des Monarques,
Et soûmettant au Nom de ce Maistre des Rois
Louis à Iesus-Christ, & le trône à la Croix.
Cet autre Constantin & plus que l'autre insigne
A cru que sa valeur n'a vaincu qu'en ce signe,
Et que ce vray trophée haußé de toutes parts
Dût estre le premier de tous ses Estendarts.
   En effet arborant la Croix & la Banniere,   *Le Clergé.*
L'Eglise Militante a marché la premiere,
Et cent sacrez Drappeaux par ces diuins Soldats
Ont esté presentez au seul Dieu des combats.
On eust dit à iuger de ce Corps de l'Eglise,
Que chaque Prestre estoit comme vn autre Moïse,
Ce sont eux qui leuans, & les mains & les yeux
Ont souuent desarmé la colere des Cieux.
C'est ce Clergé, mon Roy, qui joint pour ta victoire
Son zele à ton courage, & sa grace à ta gloire,
Et qui veut que tu sois par l'effet de ses vœux
Aussi contant que iuste, aussi iuste qu'heureux.

Voicy d'autres suiuans, ie vois des Saints profanes,
Ce sont Esprits sondans les plus secrets organes,
Et tels qu'estant formez pour le bien des Mortels,
Ils sont dignes chez eux d'acquerir des Autels;
Ce sont les Medecins, donnons leurs d'autres titres,
Ce sont de nostre sort les souuerains arbitres:
Mais vous sçauans Mortels que Dieu traita de Dieux
Parcourez pour mon Maistre & la terre & les Cieux;
Comme des Salomons découurez toutes choses,
Et de l'Hysope au Cedre enuisagez leurs causes:
Non, vous ne le pouuez, mais mon pouuoir est tel
Que ie rendray sans vous mon Monarque immortel.
Qui sont ces Suruenans qui rompent ma parole?
Ce sont, ie les connois, les Anges de l'Escole,
Ces Esprits transcendans, ces demy Seraphins
Vont rechercher en Dieu ce qui les rend diuins,
Ce sont eux dont l'ardeur que son Essence enflame,
Eschauffe, allume, embraze, & consume nostre ame,
Ou qui par vne prompte & secrete vigueur
Illuminent l'esprit en embrazant le cœur:
Tu sçauras, aduenir, que c'est là la Sorbonne,
Son grand renom surprend, mais sa presence estonne,
Et cette majesté qu'elle a de son sçauoir
Releue de mon Roy le merueilleux pouuoir.
Que diras tu d'vn Roy de qui les connoissances
Attirerent des Cieux iusqu'aux intelligences?

Et

'Et d'vn Roy dont la force esgalant les projets
Mit des Esprits diuins au rang de ses sujets.

  L'ordre change, & ie vois des sujets pleins de zele :
C'est là de tous les Corps le Corps le plus fidele.
Ce grand Hostel de Ville, & ces Corps des Marchands
Dans vn chemin Royal vont sans cesse marchans :
I'entens que leur démarche est la visible marque
De l'inuincible ardeur qu'ils ont pour leur Monarque.
Rien au Nom de mon Roy n'esgale leur vigueur ;
Ils ont dés leurs berceaux la Fleur de Lis au cœur :
L'absence de Loüis cause tous leurs suplices ;
Sa presence à son tour fait toutes leurs delices,
Et tous leurs cœurs estans dans la main de leur Roy,
Rien ne peut esbranler ny corrompre leur foy.

  I'apperçois sur leurs pas cent especes d'Office,
Par qui mon iuste Roy fait rendre la Iustice :
C'est là le Chastelet dont le graue maintien
Desplaisant aux meschans, sçait plaire aux gens de bien.
Tels sont les prompts Archers, les fideles Notaires,
Les Procureurs actifs, les hardis Commissaires,
Et tant d'illustres Chefs de qui l'integrité
Rappelle dans nos temps la vieille probité.

  Ie rencontre apres eux la Cour de la Monnoye ;
C'est elle qui produit la douleur & la ioye :
Ces Iuges cependant estans de pur alloy,
Ont moins aux mains qu'au cœur l'Image de leur Roy :

C

Marginal notes (right column):

Les Maîtres des Ceremonies.

Les Archers de Ville.

Le train de M. le Mareschal de Grãmont.

M. Noblet Maître des œuures du Roy. La Ville & les Corps des Marchãds.

M Testu auec sa cõpagnie. Les Sergés à verge, les Notaires, les Cõmissaires, & l'illustre Chastelet.

La Monnoye.

Tous sont frappez au coing du meilleur des Monarques;
Comme vn sacré dépost ils en gardent les marques,
Et se corrompent moins que ces mesmes metaux,
Dont nous tirons sans cesse & nos biens & nos maux.

La Conne-
stablie.

    Pour la Connestablie on a sujet de dire
Que c'est l'vn de ces Corps qui soustient cét Empire.
Mon Monarque est vn Chef qui par ses Magistrats
Meut des cent millions & de cœurs & de bras:

La Cour
des Aides,
& ses dé-
pendances.

En voicy des Moteurs; C'est là la Cour des Aides;
C'est d'elle dont les maux empruntent les remedes ;
Ce sont à bien penser d'innocens assassins;
Comme nos meurtriers ce sont nos medecins.
Parlons mieux, ces Tuteurs de tous les miserables
Plus que ces affligez me semblent deplorables;
Mais pourquoy ces regrets? nous n'en aurons iamais;
La guerre est dans les fers, on couronne la paix.
Marche donc Cour pompeuse, & fais nous reconnoistre
Que ta puissance importe à celle de ton Maistre,
Et qu'ayant pour sa gloire vne eternelle ardeur,
Il doit comme son Regne affermir ta Grandeur.

La Cham-
bre des
Cõptes &
sa suite.

    Mais! quelle est cette Cour? c'est la Chambre des Comptes;
Fortune tu la crains, c'est là que tu te domptes;
Sa puissance t'apprend comme il te faut seruir
Des biens immoderez qu'il te plaist de rauir:
C'est cette Chambre illustre, auguste, & legitime,
Deuant qui la vertu fait rendre compte au crime,

Et qui deuant mon Roy reſpondante à ſon tour,
N'eſt comptable enuers luy que d'vn ſincere amour;
Auſſi s'acquite t'elle & meſme auec vſures;
C'eſt vn corps dont les mains prennent tout & ſont pures,
Et qui ſans épuiſer ny les yeux ny le flanc,
Ne ſe paiſt ny de pleurs ny de ſueurs de ſang.
Ce n'eſt pas que i'en veuille à ceux dont la Fortune
Produit, dit-on, la honte & la douleur commune;
Ie le dis au malheur de tous les mécontens,
C'eſt la faute du Sort, & le crime du Temps.
C'eſt icy qu'à propos de l'employ des Finances,
Ie puis loüer l'Epargne & les quatre Intendances,
Et dire que la France eſt l'Eſtat des Eſtats,
Si des Financiers y ſont des Potentats :
On voit des Intendans & des Treſoriers meſme
Prendre part à l'eſclat de la grandeur ſupreme,
Et par l'inſigne employ du treſor qu'ils ont eu,
Accorder la Fortune auecque la Vertu.

*　　C'eſt ſur vn tel ſujet qu'il faut que ie m'eſcrie*
Que l'Illuſtre Foucquet honnore ſa Patrie;
Ou que glorifiant le Royaume & le Roy,
Aux yeux de l'Vniuers il eſtale ſa foy.
C'eſt vne foy publique, vne foy reconnuë,
Telle qu'eſt le Soleil au ſortir d'vne nuë,
Ou qu'en ſe releuant d'vn humide tombeau,
Il a le teint plus frais, & l'œil meſme plus beau.

C'eſt dans ce vif regard qu'il épure dans l'onde,
Qu'il contemple vn Fouquet plus grand que tout le monde,
Et qu'vn Aſtre ſans pair, vn vnique Soleil,
Voit vn Sur-Intendant qui n'a point de pareil.
Que ſi ſur ſes vertus l'auenir m'interroge,
Je diray que ſon Nom vaut plus que mon Eloge,
Et qu'on doit vn triomphe vn peu premedité
A qui fait triompher la generoſité;
  Huiſſiers auancez, Ah! mon ame eſt troublée
D'vne ſi ſurprenante & diuine Aſſemblée:
Eſt-ce le Parlement? vous voyez trop mes yeux;
Cé ſont autant de Roys, ce ſont autant de Dieux;
Que d'eſclat! Reuenons de l'erreur où nous ſommes;
Mais s'ils ſont moins que Dieux, ils ſont plus que des hômes:
Cés mortels Immortels ſurpaſſent tous humains;
Leur Majeſté fait honte aux Senateurs Romains.
Cés gens que nos Gaulois prirent pour des Idoles,
Ne leur parurent tels que manque de paroles;
Dés qu'ils eurent parlé l'on vit ce qu'ils eſtoient,
Et leur front diuertit ceux qu'ils eſpouuantoient.
Noſtre Senat François n'eſt, n'eſt rien moins qu'auguſte;
Jl eſt tout grand, tout fort, tout ſçauant & tout iuſte,
Et par vn air ſolide autant qu'il eſt brillant,
Jl charme en ſe taiſant, & rauit en parlant.
Jl eſt pendant l'orage vn aſſeuré pilote;
Jl prend ſelon les vents ou le large ou la coſte;

Que

Le Parle-
ment & ſa
ſuite.

Que s'il n'en dit pas bien à son dernier effort,
Le Ciel voulut que Iule ayt seul trouué le port.
L'Estoile de la Paix n'esclatoit qu'à sa veuë;
Cependant de par tout la France estoit émeuë?
Tout beau, tout est calmé, la Paix par son ciment
Ioint le Senat à Iule, & Iule au Parlement.

    C'est icy diuin Chef de cette compagnie
Que ta viue douceur attire mon genie,
Et qu'il est en estat de tout abandonner,
Pour t'aller applaudir & t'aller couronner.
Non, tu ne le veux pas, ie t'obeïs, mais sçache
Que ie ne suis ingrat, ny suborneur, ny lasche,
Et qu'vn iour ie diray qu'vn homme tel que toy,
Valant vn monde à Dieu, vaut vn Royaume au Roy.

    Quel est cét autre Objet? quels sont ces Equipages?
Quel amas de mulets, de valets & de pages,
Qu'est-cecy? de l'orgueil sur le front des Valets!
Quoy de la majesté sur le dos des Mulets!
Quoy ce concours de chars, & d'hommes, & de bestes
Marqueroit-il, mon Roy, tes nombreuses conquestes?
Ou n'est-ce point l'effet de cette double ardeur,
Qui ioint ta gloire à Iule, & Iule à ta grandeur?

    Ie l'ay dit, cette pompe est digne de son zele;
Tu le vois genereux, si tu l'as veu fidele.
Et toy, Paris, tu vois le plus grand des Romains,
Deuenir par la paix le plus grand des humains:

D

Du moins ce Cardinal est vn aussi grand homme,
Qu'en ayt à l'Vniuers donné la vieille Rome.
Loin donc de contempler sa suitte & ses cheuaux,
France, si tu le peux, repasse ses trauaux;
C'est luy qui t'a seruy de Thesée & d'Hercule,
C'est vn Iule plus grand que ne l'est l'autre Iule.
Comparons les tous deux: Quelle comparaison;
L'vn agit par fureur, & l'autre par raison.
Cesar & Mazarin sont venus dans les Gaules;
Qu'ont-ils fait? ces Acteurs y soustindrent leurs rolles;
Les motifs & les tons y furent inégaux;
L'vn a fait mille biens, où l'autre a fait cent maux.
Ils firent en suiuant leur diuerse cabale;
L'vn vne guerre, & l'autre vne Paix Generale;
Si bien que l'Vniuers s'en estant releué,
Vn Iule le perdit, vn Iule l'a sauué.
Qu'on ne dise donc plus par vne erreur commune,
Que Mazarin n'agist qu'à force de fortune;
Vn Genie admirable accompagne ses vœux,
Et ce parfait Ministre est plus sage qu'heureux.
Le Grand de Richelieu connoissoit bien cette Ame;
Il en sentit l'ardeur, il y vit de la flame;
Ce Iule luy parut tout de teste & de cœur:
Disons plus, l'vn & l'autre ont vny leur vigueur:
Armand fut vn Elie, & Iule vn Elizée:
Leur diuine chaleur n'est donc point diuisée;

Cét Armand, au contraire, abandonnant ces lieux,
Obtint pour Mazarin ce qu'il vouloit des Cieux;
C'eſt dire qu'en partant il luy verſa dans l'ame
Vn torrent redoublé de lumiere & de flame;
Si bien que tout l'impur s'en eſtant écarté,
Jule euſt double chaleur comme double clarté.
Ce n'eſt pas tout, Armand qui n'auoit rien de l'homme
Voit que dans Mazarin la gloire ſe conſomme,
Et que luy n'eſt à voir que comme vn Precurſeur
D'vn diuin Politique & moderne Sauueur.
Richelieu donc enquis s'il eſtoit ce Meſſie,
Vit par ſon deſaueu noſtre attente eſclaircie.
Vous François, nous dit-il, n'errez point dans ce choix,
Loin d'en eſtre le Corps, ie n'en ſuis que la voix;
Si bien qu'à comparer le Sens & l'Interprete,
Mazarin eſt le Dieu dont Armand fut Prophete.
Ie finis, & i'adiouſte au point que ie me tais,
Que ie dois cét Eloge à qui l'on doit la Paix,
   Quoy ne puis-je finir ſur vn pareil ſpectacle;
Non, non la France ioint le miracle au miracle :
Que d'eſclat dans ces trains ! Quoy des treſors par tout;
L'or à l'enuy du jour y luit de bout en bout.
Tout ce que la richeſſe eſtale par le monde,
Vient rouler à nos yeux comme l'onde apres l'onde;
Ce ſont des flots d'argent, d'or & de diamant;
C'eſt vn Perou reel, non c'eſt enchantement.

Le train de
Monſieur,
de la Reyne
& du Roy.

Ces mulets, ces valets, ces suiuans & ces pages,
Y sont l'estonnement & des fous & des sages ;
Mais c'est bien aduenir vn autre estonnement,
Que de sçauoir l'effet d'vn pareil mouuement.

  Ie veux dire sa cause & son premier mobile ;
C'est vn Esprit tres-pur, vne Ame tres-habile,
C'est vn cœur que l'effroy n'a iamais abbatu.
I'appelle sa Vertu l'incroyable vertu ;
Tu ne la pourras croire, au moins i'ose te dire,
Que mourir pour sa gloire approche du Martyre ;
Et qu'autant que le veut l'humaine verité,
On peut par la pretendre à l'immortalité :
Ie te parle d'vne Anne, & d'vne Anne d'Autriche,
Que de mille vertus la Nature a fait riche :
Disons que s'imprimant sur son ame & son corps,
Tout le Ciel dans son sein espancha ses thresors.
Elle donc qu'vn Roy iuste & le Ciel ont enceinte,
Conceuant par vertu, produisit sans contrainte.
Ce n'est pas qu'en vn temps de desastre & de pleurs,
Son sein ne fust chargé des communes douleurs ;
Mais maintenant ces maux luy tiennent lieu de charmes :
On moissonne des ris ayant semé des larmes :
Que manque-t'il, ô Reyne, à vos diuins souhaits ?
Vous auez fait mon Maistre, & son Frere & la Paix.
Ce sont à dire vray trois immortels Ouurages,
C'est dire en quatre mots l'ornement des trois âges.

Qu'on

Qu'on adiouste en tous lieux par mille & mille voix,
Bien-heureux soit le sein qui les porta tous trois.
    Qui refrappe ma veuë apres tant d'interualle?
Ce sont auant-coureurs de la Maison Royale:
Ie me trompe, ce gros qui vient frapper mon œil,
Est comme vn grand nuage au deuant du Soleil:
Voila qu'il se dissipe, & ie vois dans la lice
Entrer à plains rayons le Soleil de Iustice;
C'est le Garde des Sceaux, c'est le grand Chancelier;   M. le Chã-
C'est vn autre Caton, en vn mot c'est Seguier.   celier.
Ce nom n'est que merueille, & ne dit dans cét homme
Qu'vn amas de vertus qu'vn grand zele consomme;
Aussi l'ardente amour qui l'attache à son Roy,
Nous donne pour luy mesme, vn inuincible foy.
Nous croyons tous en luy, sa bouche est vn oracle,
Son cœur est vn prodige, & sa vie vn miracle.
Tel est ce pas de gloire où ses vertus l'ont mis,
Qu'il surpasse de loin Apollon & Themis.
    Vous ses dignes suiuans dites moy qui vous estes;   Le Conseil
Semblez vous à mes yeux des Maistres des Requestes?
Estes vous le Conseil? descendez vous des Cieux?
Ie crois que le Soleil fait sa monstre en ces lieux.
L'Astre dont vostre Corps emprunte sa lumiere,
Espanche ses rayons par toute sa carriere,
Et produisant par eux deux cent petits Soleils,
Quoy qu'on le tienne vnique il se fait des pareils.

                              E

Ce n'eſt pas, ô Conſeil, que tes yeux & tes Ames
N'ayent leurs propres clartez, & n'ayẽt leurs propres flames,
Et qu'eſtant de mon Roy les regards & la voix,
Tu n'éclaires par toy le plus brillant des Roys.
Quelle eſt donc voſtre gloire Eſclatante Aſſemblée?
L'œil s'y voit accablé, l'ame s'y ſent comblée;
Diſons que tous les deux s'y trouuans abatus,
L'vn cede à voſtre pompe, & l'autre à vos vertus.

Les Pages de l'vne & de l'autre Eſcurie.
    Paſſez, Pages Pompeux, que rien ne nous arreſte,
Iuſqu'au rare ſujet d'vne ſi rare Feſte;
Le moyen de courir quand ie vois dans leur rang,
Des gens dont la valeur prodigue tout leur ſang;

Les Mouſquetaires.
    Ce ſont ces petits Mars, ces fameux Mouſquetaires,
Du plus rare des Roys compagnons ordinaires,
Et tels que leur courage & leur fidelité
Me leur font rendre icy ce qu'ils ont merité.
Ie ſuis donc obligé de faire reconnoiſtre,
Qu'eux & leurs dignes Chefs ſont dignes de leur Maiſtre.
Ie penſe dire aſſez, & ne rien eſpargner,
Tant leur Maiſtre & le mien eſt digne de regner.

Les Cheuaux Legers
    Vous les Cheuaux Legers du plus grand des Monarques,
Vous l'auez bien ſeruy, vous en auez des marques;
Mais mon Roy, dont le choix eſt en cecy parfait,
A mis la recompenſe au delà du bienfait.
Voſtre prix n'eſt-il pas l'illuſtre de Nauailles?
C'eſt vn preneur de forts, vn gagneur de batailles;

Le bras de la faueur ne l'esleua iamais :
France, tu dois ce Duc à qui tu dois la Paix.
L'vn & l'autre trauail sont d'vn pareil genie ;
Tous deux luy causeront vne gloire infinie ;
Mais Iules, ta grandeur tient de l'immensité,
Si tu peux luy donner ce qu'il a merité.

    Passez à vostre tour, vous Illustre Noblesse ;   *LaNoblesse*
Pardonnez aux desirs d'vne ame qui s'empresse :
Coulez, vous vistement, retirez vos appas,
Rien ne peut plus me plaire où mon Maistre n'est pas.

    Le voicy. Beny soit, que mon ame est émeuë ?   *Les Sei-*
Vne foule de Roys se presente à ma veuë :   *gneurs.*
Est-ce vn espanchement de cent sortes d'Estats ?
Quoy ! ma veuë, vn paué semé de Potentats :
Qui de vous est mon Roy ? respondez moy Monarques,
Donnez m'en s'il se peut de veritables marques :
Ah ! que vos Majestez causent icy d'erreurs :
Est-ce que Rome icy reuoit ses Empereurs ?
Non, ie me reconnoy malgré cette apparence,
C'est Comtes, Marquis, Ducs, & Mareschaux de France :
C'est dans vn tel esclat que marchent tour à tour
L'Eslite de l'Estat & celle de la Cour :
Tous ces Heros exquis nous obligent à croire
Qu'il sort de leurs vertus vne essence de gloire,
Et que par cette odeur qu'ils poussent dans les airs,
La Cour est sans esgale & les Seigneurs sans Pairs.

Fameux Comte d'Harcourt croïs tu que ie t'oublie,
Et qu'icy ta valeur soit comme enseuelie;
Non, non Elle a trop fait pour ne nous pas rauir,
Et ne pas aduoüer qu'Elle a bien sceu seruir.
Elle a tout merité, n'est-Elle point trompée
De voir entre tes mains vne pareille espée?
Vne autre y syeroit mieux; n'importe, que veux-tu?
Tu dois estre content de ta propre Vertu.

Les Offi-
ciers de la
Maison
Royale, &
le Dais.

Le Roy.

Ie vois de loin mon Roy, Dieu, le voicy luy mesme;
Ne voit on pas en luy la Majesté supreme?
Arreste mon Monarque, & laisse à mes regards
Le bien de voir en toy l'Image des Cesars.
L'Image des Cesars, ie te fais trop d'outrage;
N'es-tu pas de mon Dieu la plus visible Image?
Ah! si ie t'auois vû comme ie t'apperçois,
Ie t'aurois démeslé du milieu de cent Roys;
Rien ne m'auroit trompé; mais daigne icy me croire,
Ie me sens estoufé sous le poids de ta Gloire:
Ie n'en puis plus, ie cede, & malgré mon ardeur,
Ie succombe, & ie tombe aux pieds de ta Grandeur.
Quoy! mon Maistre est passé, la pompe est donc finie;
Et bien retirons nous infidele Genie:
Tu m'as abandonné dans mon plus grand besoin:
Non, non ce deserteur n'est pas encor trop loin,
Il reuient, & ie sens sa premiere puissance,
Il se ranime à l'air d'vn Premier Fils de France:

Que

Que dis-je , mon Genie estant du plus haut rang ,
Ne peut considerer ni fortune , ni sang ,
Il n'en veut qu'au merite , & c'est ce qu'il rencontre ,
Où l'aimable d'Anjou s'introduit & se montre ;
En quelque endroit qu'il soit , vne source d'appas
Se dilate deuant , derriere , & sur ses pas.
Sur tout dans ce triomphe où ie le vois parestre
Sexe qui domte tout , n'est-ce pas la ton Maistre ?
Qui des Heros d'amour, qui des charmans vainqueurs
Peut mieux que luy pretendre à l'empire des cœurs;
Digne Frere du Roy, ta gloire est sans seconde ,
Tu t'en vas triompher du plus beau cœur du monde :
C'est là que ie t'attens pour descrire à mon tour ,
Ta force & ta grandeur , ta grace & ton amour.

Quel est ce triple objet , est-ce que l'on l'ignore ,
Ce sont de ces Heros que l'Vniuers adore ,
C'est d'Anguien & Conty qui menent vn Condé ,
Ce Primeur des Primeurs est-il mal secondé ?
Non , Vous que la Nature a mis de sa partie ,
En est-il dans le monde vne mieux assortie ?
Vous auez le pouuoir , l'adresse & la vigueur ,
Et tout ioüe en vous Trois, Esprit, & Main, & Cœur :
Sur tout le grand Condé surmonte tous obstacles ,
Luy dont les moindres coups ne sont que des miracles ;
Et luy qui fait crier à tous les assistans
Qu'il est au jeu de Mars le grand Primeur du Temps.

Les Princes de Condé, de Conty, & d'Anguien.

F

N'en est-il pas encor l'ornement & la gloire?
C'est luy dont la valeur ne pèut iamais se croire,
Et luy dont le renom s'est si haut essoré,
Que celuy des Cesars s'en va presque atterré:
Que dis-je, il est rampant quand l'autre est sur la nüe,
C'est donc vne valeur connuë & reconnuë;
C'est d'Elle, grand Condé, dont tu repais ton Fils,
C'est ce pur aliment dont tu te le nourris;
Tu sçais comme Chiron éleua son Achille,
Rien qu'vn mets par son soin ne luy formoit le chille,
Il ne se repaissoit par vn art si nouueau
Que du foye & du cœur de quelque lionceau,
D'vn animal guerrier il sucçoit la vaillance
Pour s'en incorporer la meilleure substance:
Ton Fils n'a pas besoin d'vn secret si brutal
Pour luy former vn cœur, le tien n'a point d'égal,
Il suffit que ton Sang luy sert de nourriture,
Il en prend donc l'humeur, la force & la teinture,
Et Condé sçait donner sans vice & sans hazart,
Par nature à d'Anguien, ce qu'Achille eust par art:
Passez donc, vrays Heros, passez donc, dignes Freres,
Passe donc, digne Fils, du plus vaillant des Peres,
Et vrays Princes du Sang considerez tous Trois,
Que l'on regne en seruant le plus parfait des Roys.

Le Comte *Toy, Comte de Soissons, que ie vois auec joye*
de Soissons. *Comme vn Prince sorty du beau sang de Sauoye,*

N'est-ce pas dire assez au Nom de tes Ayeulx,
Que dire que leur gloire a remply iusqu'aux Cieux;
Mais ie dis en ton Nom que dans Toy l'on contemple
Tout ce qui peut remplir & le Trône & le Temple,
Et que loin d'y trouuer des sentimens contraints,
On y voit ce qui fait les Heros & les Saints.

Vous, qui que vous soyez, qui remplissez la Scene,
Ie vous admire tous. Mais venons à la Reyne;
Ie pressens qu'elle vient ! Mon Roy c'est à son tour
De combattre d'éclat auec l'Astre du iour.

La voicy, quel éclair, marque-t'il du tonnerre ?
Non, non, c'est le Soleil qui tombe sur la terre ;
Ces rayons que ie vois n'ayans rien des éclairs
Font moins rougir les Cieux qu'ils ne dorent les airs,
C'est vn éclat tout pur, vne diuine flame,
Comme elle entr'ouure l'œil, elle dilate l'ame,
Et porte dans son fonds ces plaisirs rauissans,
Que par reconnoissance elle renuoye aux sens :

C'est la Reyne ! est-ce là cette aimable Marie ?
Le legitime Objet de nostre idolatrie ;
Ou bien par vn si rare & si iuste bon-heur,
Comme il l'est des vertus le suppost de l'honneur :
Dieu qui la consacroit au plus grand Roy du monde,
S'il le fit sans égal, la rendit sans seconde,
Et voulut que ce Couple assouuissant ses vœux,
Comme il estoit parfait se trouua tout heureux ;

En effet leurs vertus nous donnent tout à croire,
L'vne est pleine de grace, & l'autre est plein de gloire,
Et par vn eternel & rauissant retour
Leur merite entretient & charme leur amour:
Pense-t'on que leurs feux puissent iamais s'esteindre?
Rien moins, tout l'Vniuers n'a pas lieu de le craindre;
Les quatre plus beaux yeux que le Ciel ait formez
Ne les esteindront pas s'ils les ont allumez;
Ce sont eux dont la veuë illuminant la terre
Esteint d'vn contre Eclat le flambeau de la guerre,
Et qui ne permet pas que rien que cet Eclat
Concoure incessamment au beau iour de l'Estat:
C'est par là qu'estouffant le monstre de la haine,
Mon Roy dans son amour fait triompher sa Reyne,
Et que monstrant à tous ce qu'il aime le mieux
Il regale la terre & fait honneur aux Cieux.
Non iamais l'Vniuers n'a vû tant de merueilles,
Les yeux en sont lassez, lassons-en les oreilles;
Que dis-je, cet Objet brillant de toutes parts
A dequoy satisfaire à d'eternels regards:
Plus on la voit, Amour, plus on la trouue aimable,
Ce qui s'en dit encor la rend incomparable;
Si bien qu'en ce rencontre on ne peut estre las,
Ni d'oüir son renom, ni de voir ses appas.
Que ne suis-ie tout d'yeux, d'oreilles & de langues,
Ie verrois, i'entendrois, & ferois cent harangues,

Pourquoy

Pourquoy ces vains defirs ? pourquoy ces faux projets ?
Ie ne fçaurois remplir ce fujet des fujets,
En vain i'ay recherché des routes fans pareilles,
Vn Aiglon tel que moy vaut moins que des Corneilles.
Voy cependant, mon Roy, fi ie fuis propre, ou non
A fouffrir tout l'éclat de ton diuin renom ;
Voy fi dans vne veine efchauffée & fertile
Ie puis eftre vn Homere indigne d'vn Achille ;
Ou s'il appartiendroit à quelque autre qu'à moy,
De peindre mieux qu'Appelle, & ma Reyne, & mon Roy.
Faifons mieux, Roy parfait, ie te laiffe à Toy-mefme,
Vn Amant accomply fe peint fur ce qu'il aime,
Et de fon digne objet receuant tous les traits,
Il fe fait loin de l'art de naturels Portraits ;
Elle eft digne de Toy, n'es-tu pas digne d'Elle?
Allez donc l'vn & l'autre où l'Amour vous appelle,
Et mettans par vos yeux Soleils contre Soleils,
Par vne iufte ardeur faites vous des pareils,
Voyez vous ces François que voftre veuë affemble?
Ils veulent vn Dauphin, vn Fils qui vous reffemble,
Et qui par fes Vertus plus que par tout fon Sang,
Soit digne de regir vn Peuple de leur Rang.
Vous Reyne que le Ciel a faite incomparable,
Auoüez que ce Peuple eft prefque fans femblable ;
Et qu'à moins que l'Efpagne ait produit fon fecond,
Le refte aupres de luy fe trouble & fe confond.

G

Voyez vous ce concours du plus grand des Royaumes?
La mer a moins de sable, & l'air a moins d'atomes;
Si bien que l'on peut dire en cette quantité,
Que l'abondance mesme y fait la rareté.
Ce n'est pas tout, le nombre est son moindre auantage,
Toutes les Nations ont senty son courage:
La France que vos yeux ont pû mettre en repos,
A fait, fait, & fera les plus fameux Heros:
Vous en peut-on donner de plus pompeux Preludes,

Prémiers gentilshommes de la Chambre.

Que dans les S. Aignans, les Crequis, les de Ludes;
Et ceux qui de la Cour meritans bien les voix,
Sont dignes des faueurs du plus charmant des Rois?
Que ne dirois-je pas de ces fils de la guerre,
D'vn d'Estrée éprouué, d'vn fier de Senneterre,
Et de ce la Ferté qui dans tous ses trauaux,
Chez les plus grans Guerriers rencontre peu d'Esgaux?
Que dire d'vn Albret dont on connoist le zele,

Les Maréchaux de France.

D'vn signalé Faber, d'vn Clerambaut fidelle,
D'vn fameux Chulemberg, d'vn tout braue d'Aumont,
D'vn sage du Pleßis, & d'vn parfait Grammont?
C'est ce Pere qui donne vn de Guiche à la France,
C'est celuy dont l'Europe admire la prudence,
Et qui tout glorieux de l'Employ des Emplois,
S'est pleinement acquis deux Estats & deux Rois.
Mais d'vn de Villeroy, que ne doit-on pas dire?
On luy doit l'Empereur, comme à Iule l'Empire;

C'eſt luy dont la vertu luy tenant lieu de plan
Nous fait vn Louis plus pieux qu'vn Trajan :
Diſons à ce propos que par des traits de flame
La ſage Senecey penetra dans ſon ame ;
Et qu'Elle fit entrer dans ce Maiſtre des Loix
Tout ce qui peut former le plus Iuſte des Rois.

La Gouuer-nante du Roy.

    Ne voulez vous pas bien que ſelon mon enuie
Ie place en cét endroit les Garands de ſa vie,
Et que j'y faſſe voir ces Braues dont la foy
Au prix de tout leur ſang conſerueroit leur Roy ?
Tels ſont dõc vn des Ouche vn d'Humiere, vn de Vardes,
Et tant d'Illuſtres Chefs des deux ſortes de Gardes ;
Sur tout, Ceux qui tenans le depoſt de ſon Corps
Gardent ſi cherement ce Treſor des Treſors :
Tels ſont les Villequiers, les Charauts, les de Treſmes,
Dont les ſoins pour leur Roy ſe peuuent dire extremes :
L'vn à qui le ſeruice eſt ſa premiere Loy,
N'eſt né que pour ſon Maiſtre, & blanchit ſous l'employ :
Les Soicourts, les Guitrys doiuent icy pareſtre
Comme contribuans à l'Eſclat de leur Maiſtre,
Et cent autres ſeruans ſa gloire & ſes plaiſirs
Y vantent à l'envy leur faits & leurs deſirs.
Ie n'y puis oublier les tous zelez Gendarmes,
Eux & leurs dignes Chefs en font leurs plus grãds charmes
Et les ardans Albrets, & les de Charmazels
Y conſacrent leurs noms par des ſoins eternels :

Le Preuoſt de l'Hoſtel. Les Officiers des Gentils-hommes au bec de Corbin, & des Cent Suiſſes.

Les Gardes du Corps, & leurs Chefs.

Les Grands Maiſtres de la Gardero-be.

Autres grands Officiers de la Maiſon. Les Gendarmes & leurs Chefs.

Enfin les d'Artagnans feruent à la Perfonne
Au poinct que nos Guerriers feruent à la Couronne :
Chacun a pour fon Maiftre vne diuerfe ardeur
L'vn eft pour le falut, l'autre eft pour la grandeur :
Il en eft pour l'honneur comme cent Volontaires

Les Braues de la Cour.

Qui feruent à leur Roy d'Illuftres Ordinaires,
Et qui par les raifons du merite & du fang
Auprés d'vn Roy parfait meritent quelque Rang.
De Guiche, & Richelieu vous prouuent par leurs mines
Qu'ils ont des cœurs humains, & des ames diuines ;
Et que leurs mouuemens auffi reglez que grands
Procedent des Grammonds, & tiennent des Armands.

Les Officiers de Monfieur le Cardinal, de Monfieur, & de Meffieurs les Princes, des Reynes, & du Roy.

Que n'en puis-je nommer, & cent & cent encore
Chez qui par la vertu la qualité s'honnore,
I'adioufte feulement qu'on voit toutes les Cours
Chercher leurs ornemens dans ce commun Concours,
Chaque maifon vous donne vne fuitte pompeufe,
La foule en eft vnique àutant qu'elle eft nombreufe ;
Et Paris à l'envy brillant de tous coftez
Pour fe faire vn beau corps fert d'ombre à vos beautez.
Que n'a point fait la Cour ? que n'a point fait la Ville ?

Le Preuoft des Marchands, le Lieutenant General des Bourgeois, & le Gouuerneur de Paris.

Vn Séue, vn Guenegaud, vn Duc de Bournonville :
Luy qui dans tout fon train fentant fon Gouuerneur
Eclate auprés de Vous en Cheualier d'honneur :
Rendons encor Iuftice au grand Fils du grand Maiftre
Par luy fon fameux Pere eft facile à connoiftre :

L'vn

L'vn & l'autre à l'envy signalans leurs Renoms
Ont fait parler leurs cœurs par la voix des Canons,
Mais le Fils tout remply d'vne Diuine flame,
Semble par ses vertus faire éclater son ame;
Et comme possedé par vne double foy
Non plus que pour son Dieu, n'agir que pour son Roy.

    Le grand
Maistre de
l'Artillerie.

    Le grand Duc de Boüillon n'en a pas moins d'enuie
Ce digne Chambelan consacre au Roy sa vie,
Et ne peut presumer qu'vn homme de son rang
Puisse mieux employer ni ses droits, ni son sang.

    Le grand
Chambelan.

    Enfin tous les François ne vont qu'à reconnoistre
Que comme vn don du Ciel ils ont receu leur Maistre:
Et que Dieu trauaillant sur ces mesmes projets
Les a mis par faueur au rang de vos sujets:
Regardez donc, ô Reyne, en l'Estat où vous estes
Combien ce Chef des Chefs vous a soûmis de testes:
Et combien de Seigneurs courbez à vos Genoux
Seruent icy l'Epouse au seul Nom de l'Espoux:
Disons à vostre Nom, tant i'ay sujet de dire,
Que mon Maistre à vos vœux attache son Empire:
Et que Luy qui sur soy ne peut voir que les Cieux,
Soûmet son cœur au vostre & son ame à vos Yeux:
C'est pour vous que cent corps à l'envy l'vn de l'autre
Se sont faits vn triomphe en concourant au vostre,
Et qu'on a vû par ordre éclater tour à tour
Le Clergé, la Iustice, & l'Armée & la Cour:

H

L'vn y donne des Saints, l'autre y donne des Iuſtes,
L'autre des vrays Vaillans, & l'autre des Auguſtes:
Sur tout lors que mon Roy derriere & deuant luy
Remplit de ſes regards le viſage d'autruy:
En effet de cét air qu'éclate icy mon Maiſtre
Ses ſuiuans ont trouué le ſecret de paroiſtre.

Le grand
Eſcuyer de la
petite Eſcurie.

 Le ſage Bélingand dont on connoit la Foy
Croit qu'on n'eſt iamais bien qu'eſtant aupres du Roy:

L'Eſcuyer de la
grande Eſcu-
rie.

Vn Foucquet croit le meſme, & tous deux ſi fideles
Tirent de ſes regards ce qui produit leurs zeles,
Et rencontrent en eux les cauſes d'vne ardeur
Qui conſacre leur ſang à toute ſa grandeur:
 Laiſſez icy, ma Reyne, aux plus grands Capitaines
Le ſenſible plaiſir de vous dire leurs peines:
Tous les Meſtres de Camp, & tous les Generaux
Comme vn parfait Trophée eſtendront leurs trauaux:
Et monſtrans leurs exploits, non, laiſſez moy vous dire,

La Nobleſſe.

Que vous deuez les voir en voyant voſtre Empire:
Et qu'en conſiderant tant d'Illuſtres Vainqueurs
Vous les en deuez croire & les bras & les cœurs:
Mais reuenons au Roy, c'en eſt la ſeule Teſte,
C'eſt vn Chef dont vos yeux meritoient la Conqueſte:
Le Ciel qui vous aymoit vous le voulant donner
Par vn de Villeroy le voulut couronner:
C'eſt luy dont la vertu luy tenant lieu de Marque,
Sous les ordres de Iule imprima ce Monarque.

Comme l'vn a formé le plus grand des Estats,
L'autre a fait le plus Grand de tous les Potentats.
Voila de nos Heros mais difons que l'Efpagne,   L'Ambaffadeur
S'eft fignalée auffy dans vn Fuenfaldagne,   extraordinaire
Et qu'entre les grands cœurs le fien fe fent fi grand,   d'Efpagne.
Qu'il eft toufiours plus grand que ce qu'il entreprend;
Quant à tous les Heros du beau fang de Lorraine,
Par l'éclat de leur gloire ils rempliffent la Scene.
L'vn entre autres de Ceux qui marchent prés de Vous,   Monfieur de
Par gloire & par amour peut faire des jaloux,   Guife.
C'eft vn Duc dont le front vaut bien vne Couronne,
Mais le fort luy rauit ce que le Ciel luy donne:
Que n'a-t'il vû le iour dans ces diuins Eftats,
Où les hommes parfaits eftoient faits Potentats.
C'eft icy, digne Arbitre, & la Reyne des Reynes,
Que vous deuez fonger au fameux de Turennes;
Iule l'a fait agir, grace à qui mût ce bras,
Si nous ne l'auions eu, nous ne vous aurions pas.
Reuoyez donc tous ceux qui terminent nos peines,
C'eft la tefte d'vn Iule, & le bras d'vn Turennes;
Et c'eft, tant l'vn ou l'autre y fut bien fecondé,
La fainte ame d'vne Anne, & le cœur d'vn Condé;
Ce Prince s'y porta d'vne ardeur fans égale,
Mais n'y falloit-il pas vne chaleur Royale?
Louis donc & Marie y joignans leur amour,
Ont couronné l'ouurage & produit ce beau iour.

Iour! où Paris a vû cent Dames & Duchesses,
Accompagner leur Reyne auecque nos Princesses ;
Et iour! où chaque Sexe orné de toutes parts
A l'envy l'vn de l'autre, attira nos regards.
Tu dois donc, Aduenir, en garder la memoire,
Il fait nostre plaisir, comme il fait nostre gloire ;
Et deuenu l'objet de ton estonnement,
Il deuiendra celuy de ton rauissement.

AV LECTEVR.

POVR satisfaire à ma propre impatience, ie t'expose vn Ouurage qui ne me couste que dix heures de trauail ; au reste ie suis tres-fasché, que ni le temps que i'ay surpris à ma Science Vniuerselle, ni le peu d'estenduë que doit auoir vne composition de la nature de celle-cy, ne m'ayent pas permis de loüer en particulier tant d'Illustres Personnes qui precedoient & suiuoient le triomphe de la Reyne. Ie pretens le faire bien tost en détail, si j'apprens que cet auantcoureur te plaise.

Extraict du Priuilege du Roy.

PAr Grace & Priuilege du Roy, en datte du 7. Septembre 1660. Signé & scellé. Il est permis au Sieur Magnon de faire imprimer en tels volumes & caracteres que bon luy semblera, vne piece intitulée *l'Entrée du Roy & de la Reyne en leur Ville de Paris, faite par luy en Vers Heroïques,* pendant le temps & espace de cinq années ; & deffences sont faites à tous Imprimeurs, Libraires, & autres, de quelque qualité & condition qu'ils soient, de l'imprimer, ou faire imprimer, vendre & debiter pendant ledit temps, aux peines portées par ledit Priuilege.

www.ingramcontent.com/pod-product-compliance
Lightning Source LLC
LaVergne TN
LVHW012145170726
843503LV00009B/3982